4 novembre 1887   P.N

Vente de M. P. B., Amateur lyonnais

ESTA·MPES

DESSINS ORIGINAUX

POUR

LES CONTES DE LA FONTAINE

PORTRAITS

Œuvres de FICQUET, GRATELOUP et SAVART

SUITES DE VIGNETTES POUR ILLUSTRATIONS

Dont la vente aura lieu

HOTEL DES COMMISSAIRES-PRISEURS

RUE DROUOT, 9, SALLE N° 4

Le Lundi 14 Novembre 1887

A UNE HEURE ET DEMIE PRÉCISE

Par le ministère de M° **Maurice DELESTRE**, Commissaire-Priseur,
rue Drouot, 27.

PARIS

P. ROBLIN, MARCHAND D'ESTAMPES

Successeur de E. JACQUINOT

Rue Saint-Lazare, 65

—

1887

EN PRÉPARATION

CATALOGUE DE VENTE

D'UNE JOLIE COLLECTION

DE

PORTRAITS DE FEMMES

ÉCOLES FRANÇAISE ET ANGLAISE

Provenant du fonds de E. JACQUINOT

CATALOGUE

D'UNE IMPORTANTE COLLECTION

DE

ESTAMPES

VUES, DESSINS, GOUACHES, TABLEAUX

Relatives à Paris, aux environs, et à l'Histoire de France
Révolution, etc.

PROVENANT DU FONDS DE E. JACQUINOT

Vve Renou et Maulde, imprimeurs de la Compagnie des Commissaires Priseurs,
rue de Rivoli, 144

CATALOGUE

—

ESTAMPES

ET

DESSINS ORIGINAUX

POUR

LES CONTES DE LA FONTAINE

PORTRAITS

SUITES DE VIGNETTES POUR ILLUSTRATIONS

PROVENANT

De la Collection de **M. P. B.**, Amateur lyonnais

DONT LA VENTE AUX ENCHÈRES PUBLIQUES AURA LIEU

HOTEL DES COMMISSAIRES-PRISEURS

RUE DROUOT, 9, SALLE N° 4

Le Lundi 14 Novembre 1887

À UNE HEURE ET DEMIE PRÉCISE

Par le ministère de **Me Maurice DELESTRE**, Commissaire-Priseur,
rue Drouot, 27,
Assisté de **M. P. ROBLIN**, Marchand d'Estampes,
rue Saint-Lazare, 65.

PARIS — 1887

CONDITIONS DE LA VENTE

—

Elle sera faite au comptant.

Les Acquéreurs paieront CINQ POUR CENT en sus des enchères, applicables aux frais.

M. P. ROBLIN, chargé de la vente, se réserve la faculté de réunir ou de diviser les lots.

L'ordre du Catalogue sera suivi.

ESTAMPES

ALIX (P.-M.)

1 — Jean de La Fontaine, ovale in-4 en couleur.
Superbe épreuve avant la lettre, toute marge.

2 — Jean Racine, ovale in-4, gravé en couleur.
Très belle épreuve avant la lettre, grandes marges.

ANDOUARD

3 — On ne s'avise jamais de tout. Estampe in-4 pour les Contes de La Fontaine.
Belle épreuve, grandes marges.

ANONYME

4 — Le Bât, in-4.
Superbe épreuve avant toute lettre, en feuille.

5 — Le Diable en Enfer, in-4.
Superbe épreuve avant toute lettre, en feuille.

6 — L'Hermite, in-4.
Très belle épreuve avant toute lettre, remargée.

ANONYME

7 — Frère Luce, in-4.

Très belle épreuve avant toute lettre, petites marges.

8 — Représentation et Figuration, comme le dauphin Louis XIII a esté assis sur le siège royale, quand il fut proclamé roy de France, le 13 mey 1612, in-4.

Très belle épreuve, doublée.

AUDOUIN

9 — Jean de La Fontaine, in-4, d'après Rigault, publié en tête de la Psyché in-4. Didot.

Belle épreuve du 1er état avant la date.

BARBIÉ (J.)

10 — Charles-Henri, comte d'Estaing. — Pasquier Quesnel, in-8.

Deux portraits, belles épreuves.

BLIGNY (A Paris, chez)

11 — L.-A. de Gontaut, duc de Biron, colonel du régiment des gardes françaises, in-4.

Très belle épreuve avant le numéro.

BLIN (A Paris, chez)

12 — Vingt-sept Portraits et Scènes historiques gravées en couleur, d'après Sergent et Desfontaines.

Très belles épreuves, grandes marges.

BONINGTON, DELAROCHE ET **LAMI**

13 — The Lithographic Album of sir Walter Scott's readers, or 12 sketches by the following distinguished artists. Londres, Colnaghi, 1829: in-fol.

Belles épreuves sur papier de Chine.

BOUCHER (Fr.)

14 — Le Calendrier des vieillards, in-fol., gravé par de Larmessin, pour les Contes de La Fontaine.

Belle épreuve avec l'adresse de Larmessin.

BURNEY

15 — André Theuriet, d'après Bastien-Lepage. in-8.

Trois épreuves sur Japon, en différents états.

CAQUET (J.-G.)

16 — Le Contrat, in-4 avec bordure, d'après H. Fragonard, pour les Contes de La Fontaine.

Belle épreuve, marges.

17 — Le Bât, in-4 avec bordure, d'après H. Fragonard.

Belle épreuve, grandes marges.

18 — Le Fleuve Scamandre, in-4 avec bordure. d'après H. Fragonard.

Belle épreuve, marges.

19 — Le Qui-Pro-Quo. in-4 avec bordure. d'après H. Fragonard.

Belle épreuve, grandes marges.

CAQUET (J.-G.)

20 — Le Faiseur d'oreilles et le Raccommodeur de moule, in-4 avec bordure, d'après H. Fragonard.

Belle épreuve, grandes marges.

21 — La Confidente sans le savoir, in-4 avec bordure, d'après H. Fragonard.

Très belle épreuve, toute marge.

22 — La Chaise cassée (le Tableau), in-4 avec bordure, d'après H. Fragonard.

Très belle épreuve, toute marge.

CATHELIN (L.-J.)

23 — Stanislas, roy de Pologne, duc de Lorraine et de Bar, in-8, d'après Massé.

Belle épreuve, remargée.

CÉRONI

24 — Quarante Portraits d'après Petitot, pour le règne de Louis XIV, publiés par Blaisot.

Épreuves du 1er tirage, sur papier de Chine.

25 — Douze Portraits, doubles de la Collection précédente.

Épreuves avant la lettre.

CHEVERY (Femme)

26 — Les Plaisirs nocturnes (Joconde), in-4, d'après Monnet.

Très belle épreuve, en feuille.

CHEVERY (Femme)

27 — La Récompense inattendue (Joconde), in-4, d'après
Monnet.

Superbe épreuve du 1er état, avec le sein découvert. Rare.

28 — La Vertu surprise (Richard Minutolo), in-4, d'après
Monnet.

Très belle épreuve, en feuille.

COCHIN (D'après)

29 — Ph. Cayeux, in-4, gravé par Lempereur.

Belle épreuve.

DARET, BOISSEVIN

30 — Femmes célèbres. Quinze portraits.

Très belles épreuves, grandes marges.

31 — Personnages célèbres. Soixante-neuf portraits.

Belles épreuves, ancien tirage.

DAULLÉ, HUBERT

32 — François de Salignac de la Mothe Fénelon, in-8.

Deux portraits, dont un avant la lettre, petites marges.

DELECLUZE (D'après)

33 — Clara Gazul (Mérimée). Lithographie in-8, par
Scheffer.

Belle épreuve, marges.

DELVAUX

34 — Marie de Rabutin Chantal, marquise de Sévigné, in-18 Cazin.

> Belle épreuve avant les noms d'artiste, remargée.

DEMARTEAU

35 — Allégorie sur la maladie du Dauphin. Sanguine in-4, d'après Cochin.

> Très belle épreuve avant toutes lettres.

DESROCHERS

36 — Femmes célèbres. Seize portraits.

> Très belles épreuves, grandes marges.

37 — Personnages célèbres du temps de Louis XIV. Quarante-neuf portraits.

> Belles épreuves, ancien tirage.

DEVÉRIA

38 — Ving-trois Portraits in-8, publiés dans les lettres de Mme de Sévigné. Édition Dalibon.

> Épreuves à l'eau-forte pure, sur papier blanc, toutes marges.

39 — La même Collection.

> Épreuves avant la lettre, sur papier blanc, toutes marges.

DIVERS

40 — Le comte et la comtesse de Cagliostro. — La comtesse de La Motte. — Mlle Leguay d'Oliva. — La Femme de chambre de la comtesse de La Motte. — Le cardinal de Rohan. — M. de La Motte. Réunion de treize portraits pour l'affaire du Collier.

> Belles épreuves, gravées par des artistes du xviiie siècle.

DIVERS

41 — Réunion de trois cent trente-trois Portraits de personnages célèbres du règne de Louis XIV, pour illustrer les Mémoires du duc de Saint-Simon.

Belles épreuves, la plupart sont avant la lettre, ou à l'eau-forte pure.

DREVET (Pierre)

42 — Charlotte-Élisabeth de Bavière, duchesse d'Orléans, in-8 en travers, d'après Rigaud.

Très belle épreuve avant le texte au verso, remarquée.

DUPRÉEL

43 — Bossuet, in-8 en pied, d'après Rigaud.

Épreuve à l'eau-forte pure, gravée par L. Pauquet, 1816.

ÉCOLE FRANÇAISE

44 — L'Oraison de saint Julien. — Richard Minutolo, in-4, sans noms d'artistes.

Belles épreuves, la légende est grattée.

EDELINCK

45 — Jean de La Fontaine, de l'Académie française, in-4, d'après Rigaud.

Superbe épreuve, à toute marge.

EISEN (D'après)

46 — L'Observateur trompé (le Poirier enchanté, de la Gageure des trois commères). Ovale in-4.

Très belle épreuve, coloriée du temps, grandes marges. Rare

FESSARD

47 — La Fontaine écrivant ses contes. Frontispice in-12.
d'après Fr. Boucher.

Deux épreuves à l'eau-forte pure et avant la lettre, petites marges. Rare.

FICQUET

48 — Ludovico Ariosto, in-12, d'après Le Titien.

Très belle épreuve du 3ᵉ état, avant la lettre, et avec l'écusson, marges.

49 — Le même Personnage.

Belle épreuve du 4ᵉ état, avant la lettre, en feuille.

50 — Nicolas Boileau-Despréaux, in-8.

Superbe épreuve du 2ᵉ état, à l'eau-forte avancée, grandes marges. Très rare.

51 — Jacques-Bénigne Bossuet, in-8, d'après Rigaud.

Superbe épreuve du 1ᵉʳ état, avant la lettre, petites marges. Très rare.

52 — De Chennevières, in-8.

Très belle épreuve du 2ᵉ état, avec le mot *Sincère*, marges.

53 — Pierre Corneille, in-8, d'après Le Brun.

Superbe épreuve du 3ᵉ état, avant les noms d'artiste, marges.

54 — Le même Personnage.

Très belle épreuve du 4ᵉ état, avec les noms, grandes marges.

55 — Gaspard de Crayer, peintre, in-12.

Belle épreuve avant le texte au verso, petites marges.

56 — Prosper Jolyot de Crébillon, in-8, d'après Aved.

Très belle épreuve du 2ᵉ état, avant les noms d'artistes, petites marges.

FICQUET

57 — Le même Personnage.

Épreuve du 3e état, avec les noms, toute marge.

58 — Réné Descartes, in-8, d'après Franc. Hals.

Superbe épreuve du 4e état, avant les noms d'artistes, toute
marge.

59 — Le même Personnage.

Belle épreuve, avec les noms, toute marge.

60 — Charles Eisen, in-8, d'après Vispré.

Très belle épreuve, petites marges.

61 — De la Mothe Fénelon, in-8, d'après Vivien.

Belle épreuve du 3e état, avant le nom des artistes.

62 — Le même Personnage.

Belle épreuve du 4e état, avec les noms, marges.

**63 — Jean de La Fontaine, avec la scène du Loup et de
l'Agneau, d'après Rigaud.**

Superbe épreuve du 6e état, avant les noms d'artistes, et avant
le nom de La Fontaine. Très rare.

64 — Le même Personnage.

Belle épreuve du 7e état, avec le ruisseau blanc.

**65 — Jean de La Fontaine, in-8, d'après Rigaud, pour
l'édition des Contes, dite des Fermiers-Généraux.**

Très belle épreuve, grandes marges.

66 — Le même Personnage.

Très belle épreuve, petites marges.

67 — F. de la Mothe Le Vayer, in-8, d'après Nanteuil.

Belle épreuve du 4e état, avant les noms d'artistes.

EICQUET

68 — Louis XV, in-18.

> Belle épreuve du 2ᵉ état, avec le nom de l'artiste, remargée.

69 — Françoise d'Aubigné, marquise de Maintenon, in-8, d'après Mignard.

> Très belle épreuve, toute marge.

70 — Jean-Baptiste Poquelin de Molière, in-8, d'après Coypel.

> Très belle épreuve du 4ᵉ état, avec la grande lettre, et avant les contretailles dans les masques.

71 — Le même Personnage.

> Belle épreuve du 5ᵉ état, avec les contretailles et les petites lettres.

72 — Michel de Montaigne, in-8, d'après Dumonstier.

> Superbe épreuve du 1ᵉʳ état, à l'eau-forte avancée, grandes marges. Très rare.

73 — Le même Personnage.

> Très belle épreuve du 3ᵉ état, terminée, avant les noms d'artistes, grandes marges.

74 — Le même Personnage.

> Belle épreuve du 4ᵉ état, avec les noms, marges.

75 — Jean Racine. Médaillon entouré de fleurs ; en bas, un cygne, une lyre et un Amour tenant une couronne sur un autel, ou on lit le nom *Racine*.

> Superbe épreuve, le portrait est à l'eau-forte pure, et l'entourage terminé. Très rare.

76 — Jean-François Regnard, in-8, d'après Rigaud.

> Belle épreuve du 3ᵉ état, avant les noms d'artistes, marges.

FICQUET

77 — Jean-Baptiste Rousseau, in-8, d'après Aved.

Très belle épreuve du 3ᵉ état, avant toute lettre, marges.

78 — Le même Personnage.

Très belle épreuve du 4ᵉ état, avec le nom en blanc, marges.

79 — Le même Personnage.

Belle épreuve du 5ᵉ état, avec le nom ombré, marges.

80 — Jean-Jacques Rousseau, in-8, d'après La Tour.

Belle épreuve, toute marge.

81 — Saugrain, sixième libraire de ce nom, in-8.

Très belle épreuve, en feuille.

82 — Le docteur Swift, auteur des *Voyages de Gulliver*, in-12.

Belle épreuve, marges.

83 — Jean-Joseph Vadé, in-8.

Très belle épreuve, marges.

84 — Antoine-François Van der Meulen, in-8, tête de page, d'après N. de Largillière.

Superbe épreuve du 2ᵉ état, avant les noms d'artistes, toute marge.

85 — François-Marie Arouet de Voltaire, in-8, d'après de La Tour.

Belle épreuve, toute marge.

86 — Mᵐᵉ de Miramion. — Charles XII. — Fagon. — Comte d'Harcourt. — Louis Maimbourg. — Pierre Mignard. — Réné Pucelle. — Hyacinthe Rigaud. — Comte de Toulouse. Dix portraits.

Belles épreuves du 1ᵉʳ tirage.

FRAGONARD (D'après)

87 — Collection de vingt Figures in-4, d'après Fragonard, Touzé et Mallet, pour l'édition des Contes de La Fontaine. Didot, 1795.

> Belles épreuves avant les numéros, en feuilles, plusieurs sont tirées sur papier de Hollande, où avec les noms des artistes à la pointe.

88 — La même Collection.

> Belles épreuves avec les numéros, en feuilles, il manque : *Le Baiser rendu* pour que la suite soit complète.

89 — Le Cocu battu et content. Planche avec les personnages plus grands.

> Épreuve à l'eau-forte pure, toute marge.

90 — Le Mari confesseur.

> Épreuve à l'eau-forte pure, remargée.

91 — La Gageure des trois commères (le Poirier enchanté).

> Épreuve terminée, ancien tirage, en feuille.

92 — On ne s'avise jamais de tout.

> Épreuve à l'eau-forte pure, en feuille.

93 — La Fiancée du roi de Garbe (le Chevalier).

> Épreuve terminée, ancien tirage, en feuille.

94 — La Fiancée du roi de Garbe (l'Arbre), gravée par L. Petit.

> Épreuve à l'eau-forte pure, marges.

95 — La même Composition, gravée par un artiste différent, avec changements sur le costume et dans le paysage.

> Épreuve à l'eau-forte pure, grandes marges.

FRAGONARD (D'après)

96 — Le Faucon.

> Épreuve à l'eau-forte pure, petites marges.

97 — La Clochette.

> Épreuve à l'eau-forte pure, remargée.

98 — Le Juge de Mesle.

> Épreuve terminée, ancien tirage, marges. Rare.

99 — Alix malade.

> Épreuve terminée avant la lettre, en feuille. Rare.

GARDETTE (DE LA)

100 — Le vénérable dominicain Didier de la Cour, mort en 1623, in-8.

> Deux épreuves, dont une avant toutes lettres.

GAUCHER (C.-S.)

101 — Bossuet, in-8, d'après Rigaud.

> Très belle épreuve avant la lettre, remargée

102 — Pierre Corneille, in-8, d'après Le Brun.

> Très belle épreuve avant le nom sur le socle. Rare.

103 — Fénelon. Ovale in-18, d'après Vivien.

> Belle épreuve avant la lettre, remargée.

GAVARNI

104 — D'après nature, 39 p. — La Foire aux amours, 7 p. — L'École des Pierrots, 10 p. — Bohèmes, 9 p. — Le Manteau d'Arlequin, 10 p. — Manière de voir des voyageurs, 10 p.

> Ensemble 87 pièces en feuilles.

GRATELOUP (J.-B. DE)

105 — J.-B. Bossuet, en pied, d'après Rigaud (F. 1)

Superbe épreuve du 1er état, avant toute lettre, sur papier de Chine.

106 — J.-B. Bossuet, en buste, d'après Rigaud (F. 2).

Très belle épreuve du 3e état, grandes marges.

107 — Descartes, d'après F. Hals (F. 3).

Très belle épreuve du 2e état, avant le nom.

108 — Le même Personnage.

Belle épreuve du 3e état, avec tous les noms.

109 — John Dryden, d'après Kneller (F. 4).

Belle épreuve du 3e état, tirée sur papier de Chine.

110 — Fénelon, d'après Vivien (F. 5).

Superbe épreuve du 2e état, avant toute lettre et avec le fond marbré.

111 — Adrienne Lecouvreur, rôle de *Cornélie*, d'après Ch. Coypel (F. 6).

Superbe épreuve du 1er état, avant toute lettre, grandes marges.

112 — Montesquieu, d'après le médaillon de Dassier (F. 7).

Belle épreuve du 2e état, avec la lettre, grandes marges.

113 — Melchior de Polignac, cardinal, d'après Rigaud (F. 8).

Très belle épreuve du 3e état, avec les noms, mais avant la dédicace, grandes marges.

114 — J.-B. Rousseau, d'après J. Aved (F. 9).

Belle épreuve, marges.

GUILLAUMOT, DE LIPHART

115 — Portraits de Littérateurs modernes. Vingt et une pièces.

> Épreuves sur papier de Chine et de Japon.

GUYOT (L.)

116 — Les trois Sultanes. Roxelane dansant devant le Sultan, in-8 en largeur, d'après Moreau le jeune.

> Épreuve à l'eau-forte pure, marges.

HANRIOT

117 — Réunion de vingt-quatre Gravures et Portraits, pour illustrer le livre de Arsène Houssaye : Molière, sa femme et sa fille.

> Épreuves de graveur, en différents états.

HUET (J.-B.)

118 — La Servante justifiée, in-4 gravé en couleur, par Bonnet.

> Très belle épreuve, marges.

119 — Le Faucon, in-4 gravé en couleur, par Bonnet.

> Très belle épreuve, marges.

120 — L'Oraison de saint Julien, in-4 gravé en couleur, par Bonnet.

> Superbe épreuve, sans marges.

121 — Joconde, in-4 gravé en couleur, par Bonnet.

> Belle épreuve, petite marge.

122 — Les Rémois, in-4 gravé en couleur, par Bonnet.

> Belle épreuve, remargée.

HUET (J.-B.)

123 — La Clochette, in-4 gravé en couleur, par Bonnet.

Très belle épreuve, remargée.

HUMBLOT

124 — Le Faucon, in-4 en travers gravé par Dupin, pour les Contes de La Fontaine.

Belle épreuve, marges.

HUQUIER

125 — Le Renard et la Cigogne. Deux compositions in-4 pour les Fables de La Fontaine.

Très belles épreuves, marges.

JEAURAT (Et.)

126 — Le Savetier et le Financier. — La Femme noyée. — La Fortune et le jeune Enfant. — L'Huître et les Plaideurs. Quatre pièces in-4 pour les Fables de La Fontaine.

Belles épreuves, grandes marges.

JOHANNOT (Tony)

127 — Soirée d'artiste. Bal donné par Charles Nodier à l'Arsenal, in-8 à l'eau-forte.

Deux épreuves, dont une avant la lettre, tirées sur papier de Chine.

128 — Les derniers Moments. — Une Scène de 1793. — Scène de la Vendée. — Charles VI. etc.

Dix-sept pièces, dont plusieurs avant la lettre, et une à l'eau-forte pure.

LALAUZE, GAUJEAN, MORIN

129 — Quatorze Vignettes in-8 et in-18 pour la Gazette de Cythère, les Contes de Fées, Bernardin de Saint-Pierre, Jules Janin, etc.

    Épreuves de graveurs, avant la lettre ou à l'eau-forte pure.

LANCRET

130 — Nicaise, in-fol. gravé par de Larmessin, pour les Contes de La Fontaine.

    Superbe épreuve, avec l'adresse de Larmessin, en feuille.

131 — Le Pâté d'anguille. — La Servante justifiée. — Les deux Amis. Trois pièces in-fol., gravées par de Larmessin.

    Belles épreuves, marges.

LANGLOIS

132 — Pierre Ier, in-8 et in-4. Deux portraits.

    Belles épreuves, dont une avant toutes lettres.

LARMESSIN (De)

133 — Femmes célèbres. Douze portraits in-4.

    Belles épreuves du 1er tirage.

134 — Personnages célèbres. Douze portraits.

    Belles épreuves, grandes marges.

LAUGIER

135 — Mme Scarron, in-8, dessiné par Mme veuve Jaquotot, 1816, d'après Petitot.

    Belle épreuve.

LAUNAY (N. DE)

136 — Jean de La Fontaine, in-18. Frontispice Cazin.

Très belle épreuve, en feuille.

137 — Jean de La Fontaine couronné par les Grâces, in-8, d'après Ch. Eisen.

Belle épreuve, remarquée.

138 — Marie-Madeleine Pioche de Lavergne, comtesse de La Fayette, in-18 Cazin.

Belle épreuve avant les noms d'artistes, petites marges.

LAWREINCE (D'après)

139 — L'Oraison de saint Julien. in-4.

Superbe épreuve avant toute lettre. Rare.

LE BARBIER

140 — Compositions in-4 pour Daphnis et Chloé.

Eau-forte pure, marges.

LE BEAU, DUPIN

141 — Comte de Maurepas. — Marquis de Mirabeau. — Comte d'Évreux. — Dominique de La Rochefoucault. — Louis XIV. — Louis XV. — Cardinal de Richelieu. — Eugène de Savoie. — Sully. Dix pièces.

Belles épreuves, ancien tirage, dont un avant la lettre.

LE CLERC (F.)

142 — Cul-de-lampe pour les quatre heures de la Toilette des dames, gravé par Patas.

Épreuve en double état, eau-forte pure et avant la lettre.

LEGRAND

143 — L'Hermite ou le Frère Luce. — Le Rossignol.
Trois pièces dont une en état différent.
> Belles épreuves.

LE MIRE (N.)

144 — Jean de La Fontaine. — Frontispice pour les
Fables causides de La Fontaine, en bers gascouns.
Deux pièces, d'après Moreau le jeune.
> Très belles épreuves, grandes marges.

145 — Jeanne d'Arc, d'après un ancien tableau de l'Hôtel
de Ville d'Orléans, in-12.
> Très belle épreuve, toute marge.

146 — Louis XV, le Bien-Aimé. profil orné. in-8.
> Belle épreuve. remargée.

LEU (Th. de)

147 — Henry de Montmorency, connétable de France.
— Henry, duc de Montpensier, pair de France. in-8.
> Deux portraits, très belles épreuves remargées.

LE VASSEUR

148 — Pierre Pomme. médecin consultant du Roi. in-4,
d'après Kymli.
> Deux épreuves, dont une avant toute lettre, en feuille.

LINGÉE

149 — Les Rémois, in-8, d'après C.-N. Cochin le fils.
> Belle épreuve. remargée.

LITTRET (C.-A.)

150 — De Sartines, lieutenant de Police, in-4, d'après Vigée.

> Belle épreuve.

MANSFELD (J.-E.)

151 — Marie Caroline, reine des Deux-Siciles, archiduchesse d'Autriche, in-8.

> Très belle épreuve.

MARCENAY DE GUY

152 — Jeanne d'Arc, le Maréchal de Saxe, le Duc de Sully. Trois portraits.

> Belles épreuves.

MARIAGE (P.-F.)

153 — Louis, duc de Saint-Simon, in-8, d'après Vanloo.

> Très belle épreuve, en feuille.

MARIETTE (A Paris, chez)

154 — Pierre Corneille. — François de Malherbe. Deux portraits in-4.

> Belles épreuves, grandes marges.

MASQUELIER (L.-J.)

155 — Lulli et Piccini. Deux portraits en médaillon dans un sujet, tête de page.

> Très belle épreuve à l'eau-forte pure, en feuille.

MASQUELIER (C.-L.)

156 — Marie de Rabutin Chantal, marquise de Sévigné, in-8.

> Belle épreuve avant la lettre, sur papier de Chine, toute marge.

MERCURY (P.)

157 — Françoise d'Aubigné, marquise de Maintenon. Ovale orné, d'après Petitot.

> Belle épreuve sur Chine, grandes marges.

MONCORNET (B.)

158 — Jeanne d'Arc. — François Rabelais, in-4.

> Deux portraits, très belles épreuves, grandes marges.

159 — Femmes célèbres. Vingt portraits.

> Très belles épreuves, grandes marges.

160 — Personnages célèbres. Quatre-vingt-dix portraits.

> Belles épreuves.

MONNET

161 — Allégorie sur le mariage de Louis XIV et de Marie-Antoinette. Composition in-4.

> Superbe épreuve avant toute lettre, grandes marges

MOREAU LE JEUNE (D'après

162 — Un Portrait de Marie-Antoinette gravé par Gaucher et quatre Figures in-8, pour les Annales du règne de Marie-Thérèse.

> Épreuves en feuilles.

NANTEUIL (Célestin)

163 — Sept Lithographies in-4 en travers, pour les Aventures de Don Quichotte.

Épreuves à toutes marges.

NÉE

164 — Le Camus, lieutenant civil, maître des requêtes, in-8, d'après Suvée.

Belle épreuve avant la lettre.

ODIEUVRE

165 — Femmes célèbres. Dix portraits.

Belles épreuves, avec l'adresse.

166 — Personnages célèbres. Trente-cinq portraits.

Belles épreuves, ancien tirage.

167 — Le maréchal Du Bourg. — Charles, maréchal de Brissac. Deux portraits in-8.

Superbes épreuves avant la lettre, grandes marges.

OUDRY (D'après)

168 — Six Compositions in-4, pour les Fables de La Fontaine.

Très belles épreuves à l'état d'eau forte pure, marges. Rare.

169 — Neuf Compositions, des mêmes.

Belles épreuves avant la lettre, petites marges.

170 — Trois Compositions, des mêmes.

Contre-épreuves avec la légende.

PAROY (COMTE DE)

171 — Deux petites Compositions en médaillon, pour les Fables de La Fontaine.

Belles épreuves doublées.

PATER

172 — Le Glouton, in-fol. gravé par Filloeul, pour les Contes de La Fontaine.

Belle épreuve, avec l'adresse de Larmessin.

PRUD'HON (D'après)

173 — Apothéose de Racine. Frontispice in-8, gravé par Velyn.

Belle épreuve avant la lettre, toute marge.

QUEVERDO

174 — Six Compositions in-4, gravées par Lingée, Dambrun, Patas et Ponce, pour le *Déserteur*, drame en trois actes. Paris, chez Mondhare.

Belles épreuves, en feuilles.

175 — Richard Minutolo, in-4 orné, gravé par Dambrun.

Belle épreuve, marges.

RAMBERG

176 — Le Poirier enchanté. Composition in-4 ovale, pour les Contes de La Fontaine.

Très belle épreuve, colori ancien, en feuille.

RAVENET

177 — Nicolas Boileau-Despréaux, de l'Académie française, in-4. d'après Rigaud.

Deux épreuves, dont une avant toutes lettres. Rare.

RÉGAMEY, DIEN, GEOFFROY

178 — Sept Portraits différents de Jean de La Fontaine, in-8 et in-4.

Belles épreuves, quatre sont avec des remarques.

SAINT-AUBIN (Aug. de)

179 — Louis-Philippe, duc d'Orléans. Frontispice des pierres gravées, in-4. d'après Cochin.

Très belle épreuve.

180 — Louis, duc de Bourgogne, in-4.

Très belle épreuve avant toutes lettres. Rare.

181 — Jean-Joseph Amelot, dessiné et gravé par Saint-Aubin, in-4.

Très belle épreuve avant la lettre, grandes marges.

182 — Corneille. — Fénelon. — Montesquieu. Trois portraits in-8 et in-4.

Belles épreuves, deux sont avec la lettre grise.

183 — Littérateurs, in-18. Vingt et un portraits.

Belles épreuves, dont douze avec la lettre grise, en feuilles.

SANDOZ (D'après)

184 — Anne d'Autriche, Boileau-Despréaux, Clément XI. Mme de Grignan. Six portraits.

Épreuves de graveurs, à l'eau-forte pure.

SANDOZ D'après

185 — Jean de La Fontaine, Racine. Quatre portraits.

  Épreuves de graveurs, non terminées.

186 — Cardinal de Retz. Mme de Sévigné. Charles de Sévigné. Huit portraits.

  Épreuves d'artistes, à l'eau-forte pure et terminées.

SAVART (P.

187 — Jean Le Rond d'Alembert, in-8, d'après Mlle Lusurier.

  Superbe épreuve du 1er état, avant toute lettre, grandes marges.

188 — Le même Personnage.

  Belle épreuve du 4e état, avec la lettre, marges.

189 — Pierre Bayle, in-8.

  Très belle épreuve, tirée sur papier fort, toute marge.

190 — François-Joachim de Pierre de Bernis, in-8, d'après Callet.

  Très belle épreuve, toute marge.

191 — Nicolas Boileau-Despréaux, in-8 orné, d'après Rigaud.

  Superbe épreuve du 1er état, l'adresse a été grattée.

192 — Nicolas Boileau-Despréaux, in-8, d'ap. H. Rigaud

  Belle épreuve, à toute marge.

193 — Jacques-Bénigne Bossuet, in-8, d'après Rigaud.

  Très belle épreuve du 2e état, avec l'adresse : Barrière de Fontarabie.

194 — Nicolas de Catinat, in-8.

  Superbe épreuve du 1er état avant toute lettre, grandes marges.

SAVART (P.)

195 — Le même Personnage.

Belle épreuve avec les noms, toute marge.

196 — Christian VII, roy de Danemarck, in-48.

Belle épreuve, marges.

197 — Jean-Baptiste Colbert, in-8, d'après Champaigne.

Belle épreuve du 2e état avec l'adresse : Barrière de Fontarabie.

198 — Le même Personnage.

Belle épreuve du 3e état, avec l'adresse : Au coin de la rue Percée.

199 — François de Salignac de la Motte Fénelon, in-8, d'après Vivien.

Très belle épreuve du 1er état, avec l'adresse : Barrière de Fontarabie, marges.

200 — Le même Personnage.

Belle épreuve du 2e état, avec l'adresse : Au coin de la rue Percée, en feuille.

201 — Bernard de Fontenelle, in-8, d'après le buste de Le Moine.

Belle épreuve du 2e état, terminée, avec les noms.

202 — Jean de La Bruyère, in-8, d'après de Saint-Jean.

Superbe épreuve du 1er état avant toute lettre, grandes marges.

203 — Jean de La Fontaine, in-8, d'après Rigaud.

Belle épreuve, grandes marges.

204 — Nicolas de Livry, in-8, d'après L. Tocqué.

Très belle épreuve du 4e état, avec un bas-relief, marges.

SAVART (P.)

205 — Le même Personnage.

    Belle épreuve du 3e état, le bas-relief remplacé par une légende, marges.

206 — Louis le Grand, in-8, d'après Rigaud.

    Belle épreuve du 2e état, avec l'adresse : Barrière de Fontarabie.

207 — Charles Secondat de Montesquieu, in-8.

    Très belle épreuve du 1er état avant toute lettre.

208 — François Rabelais, in-8, d'après Sarrebat.

    Superbe épreuve du 1er état avant toute lettre, grandes marges.

209 — Jean Racine, in-8, d'après Santerre.

    Superbe épreuve du 2e état, avec les noms d'artistes tracés à la pointe. Très rare.

210 — Le même Personnage.

    Très belle épreuve du 3e état, avec l'adresse : Barrière de Fontarabie.

211 — Le même Personnage.

    Belle épreuve du 4e état, avec l'adresse : au coin de la rue Percée, en feuille.

212 — Armand du Plessis, cardinal de Richelieu, in-8, d'après Champagne.

    Superbe épreuve du 1er état avant toute lettre, grandes marges.

213 — Jean-Jacques Rousseau, in-8.

    Très belle épreuve, en feuille. Rare.

214 — Torquato Tasso, in-8.

    Deux épreuves, avec et avant l'adresse, marges.

215 — Louis de Bourbon, 2e du nom, prince de Condé. — Jean de La Bruyère. — Louis XIV.

    Trois portraits, belles épreuves.

SCHALL

216 — Les Oies du Frère Philippe. — Le Gascon puni. — La Servante justifiée. — Le Cuvier. — Le Bât. Cinq estampes, gravées par Laindor de Toulouse.

Belles épreuves.

SCHENCK (P.)

217 — Marie-Thérèse Julie de Crevant, duchesse d'Humières. gravé à la manière noire. in-4 en pied.

Très belle épreuve, marges.

SCHLEY, SCHMIDT

218 — Antoine-François Prévost. in-4. Deux portraits.

Belles épreuves.

SMIRKE

219 — Dix-sept Gravures in-4. pour l'histoire du *Petit Bossu*.

Belles épreuves, tirées sur papier de Chine, toutes marges.

SUBLEYRAS

220 — Le Faucon, in-4. gravé à l'eau-forte par Pierre.

Très belle épreuve, remargée.

221 — Le Frère Luce, in-4, gravé par Elluin.

Belle épreuve, grandes marges.

TARDIEU (N.)

222 — Charles de Sainte-Maure, duc de Montausier. pair de France, in-8, d'après Ferdinand.

Belle épreuve, toute marge.

VÉRAN

223 — Joconde. — Le Faucon. — La Clochette. Trois
pièces in-4 en travers, gravées au trait et coloriées.
    Belles épreuves.

VILLEREY

224 — C.-F. Mercier, littérateur, in-18 Cazin.
    Très belle épreuve avant toutes lettres, marges.

VLEUGELS

225 — Frère Luce, in-fol., par de Larmessin, pour les
Contes de La Fontaine.
    Belle épreuve, avec l'adresse de Larmessin.

WILL (J.-G.)

226 — Antoine-François Prévost, in-8, d'ap. C. Cochin.
    Très belle épreuve, marges.

SUITES DE FIGURES
POUR ILLUSTRATIONS

227 **Bernardin de Saint-Pierre**. Suite complète de
quatre figures in-18, de Moreau et Desenne, pour
Paul et Virginie. Didot, 1818.
    Épreuves avant la lettre, remargées. On y a joint les deux gra-
    vures de Moreau le Jeune, eau-forte pure, en feuille, en tout six
    pièces.

228 — Réunion de seize figures en médaillons, dont deux ovales, gravées en couleur par Guyot, d'après Dutailly.

Très belles épreuves, toutes marges.

229 — Suite complète de cinq figures, in-18, de Westall, toutes gravées par Heath, pour *Paul et Virginie*.

Très belles épreuves tirées sur papier de Chine, en feuilles.

230 — Suite complète de cinq figures, in-18, de Corbault, pour *Paul et Virginie*.

Épreuves à l'eau-forte pure, sur Chine, en feuilles.

231 — Suite complète d'un portrait et six figures, in-12, de Desenne, pour *Paul et Virginie*. Édition Janet.

Épreuves avant la lettre, sur Chine, en feuilles.

232 — Cinq pièces de la collection précédente.

Épreuves à l'eau-forte pure, sur Chine, toute marge.

233 — Suite complète d'un portrait et cinq figures, in-18, de Desenne, pour *Paul et Virginie*.

Épreuves avant la lettre, en feuilles.

234 — Suite de quatre figures in-8, de Desenne, gravées par Heath, pour *Paul et Virginie*, édition Méquignon-Marvis.

Épreuves avant la lettre, sur Chine, en feuilles.

235 — Six figures in-18, d'après Desenne, Corbault, Queverdo, etc., pour *Paul et Virginie*.

Très belles épreuves avant la lettre, une est à l'eau-forte pure.

236 **Delavigne** (Casimir). Trente gravures in-8, d'après Desenne, Devéria et autres, pour les œuvres.

Épreuves avant la lettre, ou à l'eau-forte pure.

237 **Goldsmith**. Le Vicaire de Wakefield. Suite complète de douze figures, in-8, d'Uwins, toutes gravées par Sangster, pour une édition anglaise.

Superbes épreuves avant la lettre, tirées sur papier de Chine, en feuilles.

238 **La Fontaine**. OEuvres. Suite complète de un portrait et douze figures, de Deveria.

Épreuves sur Chine avant la lettre.

239 — Fables. Suite complète de un portrait et cinquante figures tête de page, dessinées et gravées à l'eau-forte, par Foulquier, pour l'édition Mame.

Épreuves avant la lettre, sur Chine volant.

240 — Fables. Suite complète de un portrait et douze figures, des douze peintres, publiée par Jouaust.

Épreuves sur Hollande in-4°.

241 — Fables. Suite complète de soixante-douze figures, gravées à l'eau-forte, d'après Oudry, publiée par Lemerre.

Épreuves avant la lettre, sur Chine volant.

242 — Fables. Suite complète de vingt figures, in-8 travers, dessinées par Henri Monnier.

Épreuves coloriées au pinceau.

243 — Fables. Suite complète de douze figures, in-8 travers, de Percier, publiée dans l'édition in-folio du Louvre.

Épreuves du 1er tirage, marges in-4°.

244 — Fables. Suite complète de soixante figures, in-18, de Desenne.

Épreuves à l'eau-forte pure, toutes marges.

245 — Fables. Trente et une lithographies, in-4, d'après
Hyp. Lecomte, 1819.

Épreuves à toutes marges.

246 — Fables. Neuf figures in-8, d'après Jeaurat, Alès,
Henriquel Dupont, Corboult et Girardet.

Belles épreuves.

247 — Fables, Psyché et Théâtre. Suite complète de
soixante-douze figures, in-18. de Desenne, édition
Nepveu.

Épreuves avec entourage historié.

248 — Contes. Dix-huit figures in-12, galantes de Gravelot, publiées pour le Boccace de 1757.

Toutes marges.

249 — Contes. Trente figures in-12, de Gravelot. publiées
dans le Boccace de 1757.

Épreuves remargées in-4.

250 — Contes. Suite complète de huit figures in-8, de
Marillier, gravées par Ponce, Delvaux et de Villiers.

Belles épreuves.

251 — Contes. Suite complète de un portrait et vingt-
quatre figures, in-18, de Desrais et Gouget. publiée
dans l'édition de Cazin.

Très belles épreuves, tirées deux à la feuille.

252 — Contes. Suite complète de un portrait, un frontispice et trente figures, in-8, gravées à la pointe,
d'après Ducornet, artiste né sans bras, publiées par
Braulart.

Belles épreuves, toutes marges.

253 — **Contes.** Suite complète d'une couverture impri-
mée avec sujet gravé, et trente et une lithographies
in-4 de Deveria, publiées par Ardit.

Belles épreuves, tirées sur papier de Chine, trois sont sur blanc.

254 — **Contes.** Suite complète de un portrait, un fleuron
et vingt figures in-12, gravées à l'eau-forte par T. de
Mare, d'après H. Fragonard, publiée par Conquet.

Épreuves avant la lettre, sur Hollande.

255 — **Contes.** Suite complète de soixante-douze figures
in-18, de Desenne, Chasselat, Dugoure et autres,
publiée par Nepveu.

Épreuves avec cadre orné.

256 — **Contes.** Suite complète de un portrait et quarante
figures, d'après Fragonard, publiée par Lemerre.

Épreuves avant la lettre, sur Chine volant.

257 — **Contes.** Réunion de dix-sept figures in-8, d'après
Eisen, Moreau, Marillier, Huet, Desenne, Deveria et
autres.

Belles épreuves, la plupart avant la lettre et à l'eau-forte pure.

258 **Legouvé**. Le Mérite des Femmes. Suite complète de un portrait et six figures in-8, de Desenne.

Épreuves avant la lettre, tirées sur papier de Chine, en feuilles

259 **Lucrèce**. De la Nature des choses. Suite complète de six figures in-8, avec entourage, d'après
Monnet.

Épreuves avant la lettre, en feuilles.

260 **Prévost** (l'abbé). Suite complète de quatre figures
in-18, de Desenne, dont deux fleurons de titres, publiés par Verdet et Lequien.

Double suite à l'eau-forte pure, et avant la lettre, sur Chine,
toutes marges.

261 **Rabelais**. Suite complète de dix figures in-8, galantes, gravées à l'eau-forte, sans nom d'artiste.

Épreuves sur Japon, tirage à petit nombre.

262 **Sainte Bible**. Suite complète de trente-huit figures in-8, publiée par Furne.

Épreuves du 1ᵉʳ tirage, sur papier de Chine, en feuilles.

263 **Scarron**. Le Roman comique. Suite complète de
seize figures in-8, travers, gravées par T. de Mare,
d'après Pater et Dumont le Romain, publiée par
Rouquette.

Épreuves en double état, eaux-fortes pures, et terminées, tirage
sur Hollande.

264 **Vignettes diverses**. Une pièce pour Pygmalion, à
l'eau-forte pure, sept pièces de Lebarbier et autres,
pour les Saisons.

Ensemble huit pièces.

265 **Voltaire**. La Pucelle. Suite complète de un portrait
gravé par Gaucher, et vingt et une figures d'après
Monsiau, Monnet, Lebarbier et Marillier.

Épreuves, avec cadre, tirées in-4, en feuilles.

266 — La Pucelle. Suite complète de deux portraits, un
frontispice et vingt et une figures in-18, gravées à la
manière de lavis.

Belles épreuves, remargées in-4.

267 — La Pucelle. Suite complète de un frontispice et
vingt et une figures in-8, galantes, attribuées à
Monnet; Londres 1775.

Belles épreuves, grandes marges.

268 — La Pucelle. Suite complète de douze figures in-18,
galantes, publiées à Londres en 1761.

Épreuves remargées in-4.

269 — La Pucelle. Suite d'un frontispice, un titre et douze figures in-8, publiées dans une édition Hollandaise.

Belles épreuves remarquées in-4.

270 — La Pucelle. Suite complète de quatre portraits et vingt et une figures in-12, de Chasselat.

Épreuves avant la lettre, toutes marges.

271 — La Pucelle. Suite de douze figures in-18, galantes, de Deveria. — Deux frontispice de Gravelot.

Ensemble quatorze pièces.

272 **Walter-Scott**. Réunion de vingt-sept figures in-8, de Desenne et autres, pour les œuvres.

Belles épreuves avant la lettre, grandes marges.

DESSINS

ANONYME

273 — La Gageure de trois Commères (le Poirier enchanté). In-4, à l'aquarelle.

Superbe dessin original, a été gravé dans la suite de Fragonard.

274 — Jean de La Fontaine. Horace, deux portraits in-32, au lavis d'encre de Chine.

Jolis petits dessins pour illustrer une édition microscopique.

BAUDET BAUDERVAL, BOUILLON

275 — Dix-huit portraits des personnages les plus re-
marquables du règne de Louis XIV.

> À la sépia et à l'aquarelle.

CHOQUET

276 — La duchesse de Pormouth. In-8, d'après Petitot,
à la sépia.

> Signé : Choquet del. 1819.

COLIN, DESENNE, WALTNER

277 — Louis XIV. Trois dessins à la sépia et à l'encre
de Chine.

> Ont été gravés, on y a joint deux épreuves.

DEVERIA

278 — Bossuet. In-12, à la sépia,

> Signé : Deveria, 1823, a été gravé par Fauchery, on y a joint
> la gravure.

FRAGONARD (Honoré)

279 — La Jument du compère Pierre. In-4, à l'aquarelle.

> N'a pas été gravé.

280 — Le petit Chien qui secoue des pierreries. In-4, à
la mine de plomb.

> N'a pas été gravé.

FRAGONARD (Honoré)

281 — Le Remède. In-4, à l'encre de Chine.

N'a pas été gravé.

282 — Le Rossignol. In-4, à l'encre de Chine.

N'a pas été gravé.

HUET

283 — Le Villageois qui cherche son veau. In-4, à l'encre de Chine et à l'aquarelle, pour les Contes de La Fontaine.

284 — Le Lion et le Moucheron. In-4, travers, à la sanguine, pour les Fables de La Fontaine.

LAGRENÉE

285 — Les Rieurs et les Poissons. — La Jeune veuve. — L'Huître et les Plaideurs. — Le Savetier et le Financier. Quatre dessins à la pierre noire relevés de blanc, pour les Fables de La Fontaine.

LANCRET

286 — Les Oies de frère Philippe. Fragment de composition, à la pierre d'Italie.

PATER

287 — Les Oies de frère Philippe. In-4, travers, à la

TAUREL

288 — Le Bât. In-4, à la plume.

Signé : Taurel, *fecit et invenit* 1774.

TOUZE

289 — Le Baiser rendu. In-4, à la mine de plomb et au crayon de couleur.

A été gravé dans la suite de Fragonard.

Vve Renou et M..

9 782329 488